INTRODUCCIÓN

Aprender a programar en Python es más efectivo cuando se realiza de manera divertida y práctica. Los juegos clásicos para aprender a programar en Python suelen ser proyectos simples y educativos que te permiten aplicar los conceptos de programación de manera gradual. Aquí tienes algunos juegos clásicos que son excelentes para aprender Python:

Ahorcado (Hangman): El juego de ahorcado es un excelente proyecto para principiantes. Puedes crear un programa que seleccione palabras al azar y permita al usuario adivinarlas letra por letra.

Tic-Tac-Toe (Gato): Implementar el juego de tic-tac-toe te ayudará a comprender los conceptos de estructuras de datos como listas y a trabajar con la lógica del juego.

Piedra, Papel o Tijera: Este juego es ideal para aprender sobre condiciones y comparaciones en Python. Puedes hacer que el usuario juegue contra la computadora.

Juego de la Vida de Conway: Este es un juego de simulación que involucra reglas simples pero produce patrones complejos. Es un proyecto interesante para aprender sobre ciclos y matrices.

Buscaminas: Implementar el juego de buscaminas te enseñará a manejar matrices y a lidiar con la recursión, si decides explorar el enfoque recursivo.

1

2048: El juego 2048 es un proyecto desafiante que involucra mover y fusionar números en una cuadrícula. Aprenderás sobre matrices y lógica de juego.

Juego de Cartas (Blackjack o Solitario): Puedes crear un juego de cartas como Blackjack o Solitario para aprender sobre estructuras de datos y lógica de juego.

Sudoku Solver: Crear un solucionador de Sudoku te permitirá trabajar en algoritmos de búsqueda y resolución de problemas.

Laberinto y Algoritmos de Búsqueda: Puedes implementar un juego de laberinto y explorar diferentes algoritmos de búsqueda, como BFS o DFS, para encontrar soluciones.

Juego de Aventuras de Texto: Un juego de aventuras de texto es un excelente proyecto para aprender sobre estructuras de datos, lógica y la manipulación de cadenas.

Juego de Preguntas y Respuestas (Trivia): Crear un juego de trivia es una forma divertida de aprender a usar estructuras de datos como listas y diccionarios para almacenar preguntas y respuestas.

Juego de Plataformas (simple): Si te sientes más ambicioso, puedes intentar crear un juego de plataformas en 2D. Esto te enseñará sobre física del juego y cómo manejar colisiones.

Estos son solo algunos ejemplos de juegos clásicos que puedes implementar para aprender Python. Recuerda que lo más importante es comenzar con proyectos simples y aumentar gradualmente la complejidad a medida que adquieras más experiencia. Además, puedes encontrar tutoriales y recursos en línea que te guiarán a través de la implementación de estos juegos.

CONTENIDO

Ejercicios de Juegos Básicos

Pasos a seguir para la creación de juegos en Python

Programar un juego clásico en Python implica varios pasos, y la complejidad de estos pasos dependerá del juego específico que desees crear. Aquí tienes una guía general de los pasos que puedes seguir:

- Elegir el juego y definir las reglas:
- Decide qué juego clásico deseas programar.
- Define las reglas y mecánicas del juego, así como los objetivos y las condiciones de victoria o derrota.
- Configurar tu entorno de desarrollo:
- Instala Python en tu computadora si aún no lo tienes.
- Elije un entorno de desarrollo, como IDLE, PyCharm, Visual Studio Code u otro que te resulte cómodo.
- Aprender los conceptos básicos de Python:
- Familiarízate con la sintaxis de Python, variables, estructuras de control de flujo (if, while, for), listas, diccionarios y funciones.

Diseñar la lógica del juego:

- Planifica el flujo del juego y cómo funcionarán las diferentes partes.
- Crea un diagrama de flujo o un diseño de pseudocódigo para ayudarte a visualizar el proceso.
- Crear los elementos gráficos (si es necesario):
- Decide si tu juego necesita gráficos o si será un juego de texto.

- Si necesitas gráficos, considera usar una biblioteca como Pygame para gestionar la interfaz gráfica.

Codificar el juego:

- Comienza a escribir el código del juego, siguiendo tu diseño y utilizando los conceptos de Python que has aprendido.
- Implementa la lógica del juego, como las reglas, la interacción del jugador y la lógica de la computadora (si es aplicable).

Manejar la entrada del jugador:

- Escribe código para capturar la entrada del jugador, como movimientos, clics de mouse o pulsaciones de teclas.

Actualizar el estado del juego:

- Crea una función para actualizar el estado del juego en función de la entrada del jugador y la lógica del juego.
- Actualiza la pantalla o la interfaz gráfica en cada ciclo del juego (si es necesario).
- Dibujar los gráficos y mostrar información al jugador:
- Si tu juego incluye gráficos, dibuja los elementos del juego en la pantalla.

- Muestra información relevante al jugador, como puntajes, vidas restantes, etc.

Manejar eventos y condiciones de victoria/derrota:

- Implementa la lógica para verificar si el jugador ha ganado o perdido el juego.
- Maneja eventos como colisiones, finales de nivel o cualquier otra condición de juego.

Agregar efectos de sonido y música (opcional):

- Si lo deseas, puedes incorporar efectos de sonido y música al juego utilizando bibliotecas de audio.

Prueba y depuración:

- Prueba el juego para asegurarte de que funcione correctamente.
- Identifica y soluciona errores (bugs) y problemas de juego.

Optimización y pulido:

- Optimiza el código y mejora la jugabilidad y la estética del juego según sea necesario.

- Añade características adicionales si lo deseas, como niveles adicionales o modos de juego.

Documentación y comentarios:

- Documenta tu código y agrega comentarios para que sea comprensible para otros desarrolladores (y para ti en el futuro).

Diviértete y sigue aprendiendo:

Programar un juego puede ser un desafío, pero también es una experiencia gratificante. No dudes en experimentar y seguir aprendiendo a medida que avanzas en tu proyecto.

Recuerda que programar juegos es un proceso que requiere paciencia y práctica. Comienza con juegos simples y a medida que adquieras más experiencia, podrás abordar proyectos más complejos. ¡Diviértete programando tu juego clásico en Python!

Ejercicio 1: Juego del Ahorcado

El "Ahorcado" es un juego de adivinanza de palabras o frases cuya finalidad es que los participantes descifren el significado de las mismas sin ser "ahorcados" por los desaciertos. Por cada error, se irá dibujando una parte del cuerpo, cuando esté completa esta figura, el jugador que trata de adivinar ya no tendrá más oportunidades y habrá perdido.

Programar el juego del Ahorcado en Python es un ejercicio educativo y divertido para practicar tus habilidades de programación. Aquí tienes un ejemplo de cómo implementar este juego paso a paso:

Paso 1: Definir una lista de palabras Primero, define una lista de palabras que serán las palabras secretas que el jugador debe adivinar. Puedes almacenar estas palabras en una lista en tu programa. Por ejemplo:

```
palabras = ["python", "programacion", "computadora", "juego", "divertido"]
```

Paso 2: Seleccionar una palabra secreta al azar Utiliza la biblioteca random para seleccionar una palabra al azar de la lista. Puedes hacerlo de la siguiente manera:

```
import random
```

```
palabra_secreta = random.choice(palabras)
```

Paso 3: Inicializar las variables Crea las variables necesarias para seguir el estado del juego. Esto puede incluir el número de intentos, las letras adivinadas y la palabra oculta. Por ejemplo:

```
intentos = 6

letras_adivinadas = []

palabra_oculta = "_" * len(palabra_secreta)
```

Paso 4: Crear un bucle principal del juego Crea un bucle que permita al jugador adivinar letras hasta que se quede sin intentos o adivine la palabra completa. Puedes usar un bucle while para esto.

```
while intentos > 0 and palabra_oculta != palabra_secreta:
    # Mostrar la palabra oculta y las letras adivinadas al jugador
    print("Palabra: ", palabra_oculta)
    print("Letras adivinadas: ", " ".join(letras_adivinadas))
```

```python
    # Pedir al jugador que adivine una letra
    letra = input("Adivina una letra: ").lower()


    # Verificar si la letra ya fue adivinada
    if letra in letras_adivinadas:
        print("Ya adivinaste esa letra. ¡Intenta con otra!")
        continue


    # Verificar si la letra está en la palabra secreta
    if letra in palabra_secreta:
        print("¡Adivinaste una letra!")
        letras_adivinadas.append(letra)


        # Actualizar la palabra oculta con la letra adivinada
        palabra_oculta = "".join([letra if letra == letra_secreta else oculta
for letra, oculta in zip(palabra_secreta, palabra_oculta)])
    else:
        print("La letra no está en la palabra secreta.")
        letras_adivinadas.append(letra)
        intentos -= 1


# Salir del bucle principal del juego
```

Paso 5: Mostrar el resultado del juego Fuera del bucle, muestra el resultado del juego, ya sea que el jugador haya ganado o perdido.

```python
if palabra_oculta == palabra_secreta:

    print("¡Felicidades! Has adivinado la palabra secreta:", palabra_secreta)

else:

    print("¡Oh no! Te has quedado sin intentos. La palabra secreta era:",
palabra_secreta)
```

Este es un ejemplo simple del juego del Ahorcado en Python. Puedes personalizarlo y agregar características adicionales según tu nivel de experiencia y preferencias. También puedes incorporar una interfaz gráfica si lo deseas para hacer el juego más interactivo. ¡Diviértete programando!

Solución

```python
import random

def elegir_palabra():
    palabras = ["python", "programacion", "computadora", "juego",
"divertido"]
    return random.choice(palabras)

def mostrar_tablero(palabra, letras_adivinadas):
    resultado = ""
    for letra in palabra:
        if letra in letras_adivinadas:
            resultado += letra
        else:
            resultado += "_"
    return resultado

def jugar_ahorcado():
    palabra_secreta = elegir_palabra()
    intentos_restantes = 6
    letras_adivinadas = []

    print("¡Bienvenido al juego del Ahorcado!")
```

```python
    while intentos_restantes > 0:
        tablero = mostrar_tablero(palabra_secreta, letras_adivinadas)
        print("Palabra: " + tablero)
        print("Letras adivinadas: " + ", ".join(letras_adivinadas))
        print("Intentos restantes:", intentos_restantes)

        letra = input("Adivina una letra: ").lower()

        if letra in letras_adivinadas:
            print("Ya adivinaste esa letra. ¡Intenta con otra!")
            continue

        if letra in palabra_secreta:
            print("¡Adivinaste una letra!")
            letras_adivinadas.append(letra)
        else:
            print("La letra no está en la palabra secreta.")
            letras_adivinadas.append(letra)
            intentos_restantes -= 1

        if mostrar_tablero(palabra_secreta, letras_adivinadas) ==
palabra_secreta:
            print("¡Felicidades! Has adivinado la palabra secreta:",
palabra_secreta)
            break

    if intentos_restantes == 0:
        print("¡Oh no! Te has quedado sin intentos. La palabra secreta era:",
palabra_secreta)

if __name__ == "__main__":
    jugar_ahorcado()
```

Este programa del juego del Ahorcado sigue los pasos que mencioné anteriormente y utiliza funciones para organizar el código. Al ejecutar el programa, el jugador tiene la oportunidad de adivinar letras hasta que adivine la palabra o se quede sin intentos. Puedes personalizar y expandir este juego según tus necesidades y preferencias. ¡Disfruta programando el juego del Ahorcado en Python!

Ejercicio 2: Juego de Tic-Tac-Toe en Python

Descripción del Ejercicio:

El ejercicio del juego de Tic Tac Toe, también conocido como "tres en línea", es una oportunidad emocionante para aprender a programar en Python mientras creas una versión simple de este juego de estrategia para dos jugadores. En este ejercicio, los participantes explorarán conceptos fundamentales de programación, como estructuras de datos, lógica de juego y manejo de la interfaz de usuario.

Objetivo del Ejercicio:

El objetivo principal de este ejercicio es que los participantes adquieran experiencia práctica en la programación en Python al desarrollar un juego interactivo de Tic Tac Toe. A lo largo del ejercicio, los participantes aprenderán a manejar listas, estructuras de control de flujo, entrada de usuario y la lógica de un juego de dos jugadores.

Instrucciones del Ejercicio:

Paso 1: Preparación

Asegúrate de tener Python instalado en tu computadora y un entorno de desarrollo Python configurado.

Paso 2: Diseño del Tablero

Define una representación visual del tablero de juego, que normalmente es una cuadrícula de 3x3. Esto servirá como la base para el juego.

Paso 3: Inicialización de Variables

Define variables que rastreen el estado del juego, como el tablero actual, el jugador actual y si el juego ha terminado o no.

Paso 4: Creación del Bucle Principal

Implementa un bucle principal que permita a los dos jugadores realizar movimientos alternativos hasta que haya un ganador o se produzca un empate. Puedes utilizar un bucle while para esto.

Paso 5: Captura de Entrada del Jugador

En cada turno, solicita al jugador que ingrese la fila y la columna donde desean colocar su marca (X o O) en el tablero. Asegúrate de validar la entrada del usuario y verificar si la casilla está vacía antes de aceptar el movimiento.

Paso 6: Validación de Victoria o Empate

Después de cada movimiento, verifica si el jugador actual ha ganado el juego o si se ha producido un empate. Esto implica verificar las filas, columnas y diagonales del tablero.

Paso 7: Actualización del Tablero

Actualiza el tablero para reflejar los movimientos de los jugadores y muestra el tablero actualizado en cada turno.

Paso 8: Cambio de Jugador

Alternar el turno entre los dos jugadores (X y O) en cada iteración del bucle.

Paso 9: Mensajes de Finalización y Reinicio

Cuando el juego termine, muestra un mensaje que indique el resultado (victoria, empate o derrota). Luego, ofrece la opción de reiniciar el juego o salir.

Paso 10: Personalización y Mejoras (Opcional)

Los participantes pueden personalizar y mejorar el juego según sus preferencias. Pueden agregar características adicionales, como un sistema de puntuación, una interfaz gráfica o una lógica más avanzada para la IA.

Este ejercicio proporciona una experiencia práctica en la creación de un juego interactivo en Python y fomenta la comprensión de conceptos clave de programación. Además, permite a los participantes explorar y experimentar con la lógica de un juego de dos jugadores y la manipulación de listas en Python. ¡Diviértete programando el juego de Tic Tac Toe!

Aquí tienes un programa simple de Tic Tac Toe (Tres en Línea) en Python. Este programa utiliza una representación de matriz para el tablero y permite a dos jugadores alternar turnos para realizar movimientos. Para simplificar, este ejemplo se ejecuta en la consola y no utiliza una interfaz gráfica.

Solución:

```python
def imprimir_tablero(tablero):
    for fila in tablero:
        print(" | ".join(fila))
        print("-" * 9)


def verificar_victoria(tablero, jugador):
    # Verificar filas y columnas
    for i in range(3):
        if all(tablero[i][j] == jugador for j in range(3)) or
all(tablero[j][i] == jugador for j in range(3)):
            return True
    # Verificar diagonales
    if all(tablero[i][i] == jugador for i in range(3)) or all(tablero[i][2 -
i] == jugador for i in range(3)):
        return True
    return False


def jugar_tic_tac_toe():
    tablero = [[" " for _ in range(3)] for _ in range(3)]
    jugador_actual = "X"
    movimientos_restantes = 9
    juego_terminado = False

    print("¡Bienvenido al juego de Tic Tac Toe!")

    while movimientos_restantes > 0 and not juego_terminado:
        imprimir_tablero(tablero)
        print(f"Turno del jugador {jugador_actual}")
        fila = int(input("Ingresa el número de fila (0, 1, 2): "))
        columna = int(input("Ingresa el número de columna (0, 1, 2): "))

        if fila < 0 or fila > 2 or columna < 0 or columna > 2 or
tablero[fila][columna] != " ":
            print("Movimiento inválido. Intenta de nuevo.")
            continue
```

```python
            tablero[fila][columna] = jugador_actual
            movimientos_restantes -= 1

            if verificar_victoria(tablero, jugador_actual):
                imprimir_tablero(tablero)
                print(f";El jugador {jugador_actual} ha ganado!")
                juego_terminado = True
            elif movimientos_restantes == 0:
                imprimir_tablero(tablero)
                print(";Empate!")
                juego_terminado = True

            jugador_actual = "O" if jugador_actual == "X" else "X"

    reiniciar = input(";Quieres jugar de nuevo? (s/n): ")
    if reiniciar.lower() == "s":
        jugar_tic_tac_toe()
    else:
        print("Gracias por jugar.")

if __name__ == "__main__":
    jugar_tic_tac_toe()
```

Este programa comienza con un tablero vacío y permite a dos jugadores, "X" y "O", alternar turnos para realizar movimientos. Verifica la victoria o el empate y ofrece la opción de reiniciar el juego. Ten en cuenta que este es un ejemplo básico y se puede mejorar y personalizar según tus preferencias.

Juego de Piedra, Papel o Tijera en Python

Programar el juego de Piedra, Papel o Tijera en Python es un excelente ejercicio para aprender a programar y aplicar conceptos como estructuras de control, funciones y aleatoriedad. A continuación, te presento un ejercicio que te guiará para crear tu propio juego de Piedra, Papel o Tijera en Python.

Título del Ejercicio: Juego de Piedra, Papel o Tijera en Python

Descripción del Ejercicio:

En este ejercicio, programarás un juego interactivo de Piedra, Papel o Tijera en Python. El objetivo es crear un programa que permita al usuario jugar contra la computadora, que elige su jugada al azar. Los participantes deberán aplicar lógica de juego y estructuras de control para determinar al ganador de cada ronda.

Pasos del Ejercicio:

Paso 1: Preparación

Asegúrate de tener Python instalado en tu computadora y un entorno de desarrollo configurado, como IDLE, PyCharm o Visual Studio Code.

Paso 2: Definir las Jugadas

Define las tres jugadas posibles en el juego: Piedra, Papel y Tijera. Puedes utilizar variables o una lista para almacenar estas opciones.

Paso 3: Crear una Función para la Jugada de la Computadora

Crea una función que seleccione una jugada al azar para la computadora. Puedes usar la biblioteca random de Python para esto.

Paso 4: Crear una Función para Determinar al Ganador

Crea una función que compare las jugadas del usuario y la computadora para determinar al ganador de cada ronda. Aplica las reglas del juego: Piedra vence a Tijera, Tijera vence a Papel y Papel vence a Piedra.

Paso 5: Crear el Bucle Principal

Implementa un bucle principal que permita al usuario jugar múltiples rondas contra la computadora. Puedes usar un bucle while para esto.

Paso 6: Capturar la Jugada del Usuario

En cada ronda, solicita al usuario que elija su jugada (Piedra, Papel o Tijera) e ingrese su elección.

Paso 7: Ejecutar la Jugada de la Computadora

Usa la función creada en el Paso 3 para que la computadora elija su jugada al azar.

Paso 8: Determinar y Anunciar al Ganador

Usa la función creada en el Paso 4 para determinar al ganador de la ronda y muestra el resultado al usuario.

Paso 9: Continuar o Salir

Ofrece al usuario la opción de continuar jugando o salir del juego.

Paso 10: Personalización y Mejoras (Opcional)

Personaliza y mejora el juego según tus preferencias. Puedes agregar características adicionales, como un sistema de puntuación, una interfaz gráfica o una lógica más avanzada.

Este ejercicio te brinda la oportunidad de aplicar tus conocimientos de programación en Python para crear un juego interactivo de Piedra, Papel o Tijera. Te ayudará a comprender conceptos clave como funciones, estructuras de control y lógica de juego. ¡Diviértete programando tu propio juego de Piedra, Papel o Tijera!

Solución

```python
import random

def obtener_jugada_computadora():
    opciones = ["Piedra", "Papel", "Tijera"]
    return random.choice(opciones)

def determinar_ganador(jugada_usuario, jugada_computadora):
    if jugada_usuario == jugada_computadora:
```

```python
            return "Empate"
        elif (jugada_usuario == "Piedra" and jugada_computadora == "Tijera") or \
             (jugada_usuario == "Papel" and jugada_computadora == "Piedra") or \
             (jugada_usuario == "Tijera" and jugada_computadora == "Papel"):
            return "Usuario"
        else:
            return "Computadora"


def jugar_piedra_papel_tijera():
    print("¡Bienvenido al juego de Piedra, Papel o Tijera!")

    while True:
        jugada_usuario = input("Elige tu jugada (Piedra, Papel o Tijera): ").capitalize()

        if jugada_usuario not in ["Piedra", "Papel", "Tijera"]:
            print("Jugada no válida. Intenta de nuevo.")
            continue

        jugada_computadora = obtener_jugada_computadora()
        print(f"La computadora eligió: {jugada_computadora}")

        ganador = determinar_ganador(jugada_usuario, jugada_computadora)

        if ganador == "Empate":
            print("Es un empate.")
        else:
            print(f"{ganador} gana la ronda.")

        jugar_otra_vez = input("¿Quieres jugar de nuevo? (s/n): ").lower()
        if jugar_otra_vez != "s":
            break

    print("Gracias por jugar.")


if __name__ == "__main__":
    jugar_piedra_papel_tijera()
```

Juego de la Vida de Conway en Python

Programar el "Juego de la Vida" de Conway en Python es un ejercicio fascinante que te permite explorar la simulación de sistemas dinámicos y aprender más sobre programación. El "Juego de la Vida" es un autómata celular creado por el matemático británico John Conway y se rige por reglas simples pero da lugar a comportamientos complejos. Aquí te presento un ejercicio para programarlo:

Título del Ejercicio: Juego de la Vida de Conway en Python

Descripción del Ejercicio:

El objetivo de este ejercicio es crear una implementación del "Juego de la Vida" de Conway en Python. El juego simula la evolución de celdas en una cuadrícula bidimensional según reglas específicas. Las celdas pueden estar vivas o muertas, y su estado cambia en cada iteración en función del estado de sus vecinas. El ejercicio te ayudará a entender conceptos como listas, ciclos y lógica de programación.

Pasos del Ejercicio:

Paso 1: Preparación

Asegúrate de tener Python instalado en tu computadora y un entorno de desarrollo configurado.

Paso 2: Diseño de la Cuadrícula

Define una cuadrícula bidimensional, que servirá como el tablero del "Juego de la Vida". Puedes usar una lista de listas o una matriz NumPy para esto.

Paso 3: Inicialización de Celdas

Inicializa las celdas de la cuadrícula, asignando valores vivos (1) o muertos (0) a cada celda. Puedes hacerlo manualmente o al azar.

Paso 4: Creación de la Función para la Evolución

Crea una función que determine cómo evolucionan las celdas en función de sus estados actuales y los estados de sus vecinas. Aplica las reglas del "Juego de la Vida" de Conway.

Paso 5: Bucle Principal

Implementa un bucle principal que itere a lo largo del tiempo, aplicando la función de evolución en cada paso.

Paso 6: Visualización

Desarrolla una forma de visualizar la cuadrícula en cada iteración, ya sea mediante texto en la consola o utilizando bibliotecas gráficas como Pygame.

Paso 7: Personalización y Mejoras (Opcional)

Personaliza y mejora el juego según tus preferencias. Puedes agregar características como patrones iniciales predefinidos, configuraciones de velocidad y opciones para pausar y reiniciar el juego.

Paso 8: Experimentación

Experimenta con diferentes configuraciones iniciales y observa cómo evolucionan las celdas con el tiempo.

Este ejercicio te proporciona una oportunidad emocionante para comprender cómo se puede implementar un autómata celular en Python y observar el comportamiento emergente que surge de reglas simples. Te ayudará a desarrollar habilidades de programación y pensamiento lógico. ¡Diviértete programando el "Juego de la Vida" de Conway en Python!

Solución

El "Juego de la Vida" de Conway es un proyecto más complejo y extenso. Aquí te mostraré un ejemplo simple en Python que puedes utilizar como punto de partida. Este ejemplo utiliza una matriz NumPy y una biblioteca llamada "matplotlib" para la visualización.

Para ejecutar este código, asegúrate de tener instaladas las bibliotecas NumPy y matplotlib. Puedes instalarlas utilizando pip:

```
pip install numpy matplotlib
```

Solución:

Aquí tienes un programa simple del "Juego de la Vida" de Conway:

```python
import numpy as np
import matplotlib.pyplot as plt
import matplotlib.animation as animation

# Dimensiones del tablero
alto, ancho = 40, 40

# Función para inicializar el tablero con células vivas al azar
def inicializar_tablero():
    tablero = np.random.choice([0, 1], alto * ancho, p=[0.2,
0.8]).reshape(alto, ancho)
    return tablero

# Función para realizar una iteración del juego
def iterar(tablero):
    nuevo_tablero = tablero.copy()
    for i in range(alto):
        for j in range(ancho):
            vecinos = tablero[i-1:i+2, j-1:j+2].sum() - tablero[i, j]
            if tablero[i, j] == 1:
                if vecinos < 2 or vecinos > 3:
                    nuevo_tablero[i, j] = 0
            elif vecinos == 3:
                nuevo_tablero[i, j] = 1
    return nuevo_tablero

# Crear una figura
fig, ax = plt.subplots()

# Inicializar el tablero y la visualización
```

```python
tablero = inicializar_tablero()
imagen = ax.imshow(tablero, cmap='gray')

# Función para actualizar la visualización en cada iteración
def actualizar(frameNum):
    global tablero
    nuevo_tablero = iterar(tablero)
    imagen.set_data(nuevo_tablero)
    tablero = nuevo_tablero
    return imagen

# Crear la animación
ani = animation.FuncAnimation(fig, actualizar, frames=100, interval=200)

plt.show()
```

Ejercicio 5: Buscaminas en Python

Programar el juego de Buscaminas en Python es un desafío interesante que involucra conceptos de programación como listas, ciclos y lógica del juego. A continuación, te presento un ejercicio para crear tu propio juego de Buscaminas en Python:

Título del Ejercicio: Juego de Buscaminas en Python

Descripción del Ejercicio:

El objetivo de este ejercicio es desarrollar un juego de Buscaminas en Python en el que el jugador debe descubrir las casillas sin minas y evitar las casillas con minas. A través de la interacción con el juego, los participantes aprenderán a manejar listas bidimensionales, lógica de juego y entrada de usuario.

Pasos del Ejercicio:

Paso 1: Preparación

Asegúrate de tener Python instalado en tu computadora y un entorno de desarrollo configurado.

Paso 2: Diseño del Tablero

Define una matriz bidimensional que representará el tablero del Buscaminas. Cada celda puede ser una lista o un objeto que almacene información sobre el estado de la casilla (minada o no, descubierta o no, etc.).

Paso 3: Colocación de Minas

Coloca minas en el tablero de manera aleatoria. Puedes hacerlo eligiendo al azar las coordenadas de las minas y asegurándote de que no haya más de una mina en la misma casilla.

Paso 4: Crear Funciones de Interacción

Crea funciones para que el jugador interactúe con el juego, como revelar una casilla, marcar una casilla como sospechosa de mina o verificar si el jugador ha ganado o perdido.

Paso 5: Implementar la Lógica del Juego

Implementa la lógica del juego, que incluye cómo se descubren las casillas y cómo se verifica si el jugador ha ganado o perdido.

Paso 6: Visualización

Desarrolla una forma de visualizar el tablero para que el jugador pueda ver las casillas que ha descubierto y las que no. Puedes utilizar caracteres ASCII para representar las casillas.

Paso 7: Bucle Principal

Crea un bucle principal que permita al jugador jugar múltiples rondas del juego, ofreciendo la opción de reiniciar o salir después de cada ronda.

Paso 8: Personalización y Mejoras (Opcional)

Personaliza y mejora el juego según tus preferencias. Puedes agregar características adicionales, como un sistema de puntuación, niveles de dificultad o una interfaz gráfica.

Este ejercicio te brindará una experiencia valiosa en el desarrollo de juegos y te ayudará a aplicar conceptos de programación en un contexto de proyecto completo. Además, te permitirá aprender a gestionar datos en una matriz bidimensional y a diseñar una interfaz de usuario simple para un juego. ¡Diviértete programando tu propio juego de Buscaminas en Python!

Solución

Programar el juego completo de Buscaminas en Python es un proyecto más extenso. A continuación, te proporcionaré un ejemplo simplificado que te ayudará a comprender los conceptos básicos de cómo podría implementarse el juego. Ten en cuenta que este ejemplo utiliza la biblioteca random para generar minas y caracteres ASCII para representar el tablero en la consola.

```
import random

def inicializar_tablero(filas, columnas, minas):
    tablero = [[' ' for _ in range(columnas)] for _ in range(filas)]
    for _ in range(minas):
        fila, columna = random.randint(0, filas - 1), random.randint(0,
columnas - 1)
        while tablero[fila][columna] == 'X':
```

```python
        fila, columna = random.randint(0, filas - 1), random.randint(0,
columnas - 1)
        tablero[fila][columna] = 'X'
    return tablero


def mostrar_tablero(tablero):
    for fila in tablero:
        print(' '.join(fila))


def contar_minas_alrededor(tablero, fila, columna):
    minas = 0
    for i in range(-1, 2):
        for j in range(-1, 2):
            if 0 <= fila + i < len(tablero) and 0 <= columna + j <
len(tablero[0]) and tablero[fila + i][columna + j] == 'X':
                minas += 1
    return minas


def jugar_buscaminas(filas, columnas, minas):
    tablero = inicializar_tablero(filas, columnas, minas)
    mostrar_tablero(tablero)
    descubiertas = [[' ' for _ in range(columnas)] for _ in range(filas)]
    while True:
        fila = int(input("Ingrese el número de fila (0 - {}): ".format(filas
- 1)))
        columna = int(input("Ingrese el número de columna (0 - {}):
".format(columnas - 1)))

        if descubiertas[fila][columna] != ' ':
            print("Casilla ya descubierta. Intenta de nuevo.")
            continue

        if tablero[fila][columna] == 'X':
            print("¡Perdiste! Encontraste una mina.")
            break

        minas_alrededor = contar_minas_alrededor(tablero, fila, columna)
        descubiertas[fila][columna] = str(minas_alrededor)
```

```python
        mostrar_tablero(descubiertas)


        if all(descubiertas[i][j] != ' ' for i in range(filas) for j in
range(columnas)):
            print("¡Ganaste! Descubriste todas las casillas sin minas.")
            break


if __name__ == "__main__":
    filas = 6
    columnas = 6
    minas = 10
    jugar_buscaminas(filas, columnas, minas)
```

Juego de 2048 en Python

Programar el juego 2048 en Python es un ejercicio desafiante y gratificante que te permitirá mejorar tus habilidades de programación al trabajar con matrices, lógica del juego y manejo de la interfaz de usuario. Aquí tienes un ejercicio para crear tu propio juego de 2048 en Python:

Título del Ejercicio: Juego de 2048 en Python

Descripción del Ejercicio:

El objetivo de este ejercicio es desarrollar una versión simplificada del juego 2048 en Python. El juego consiste en deslizar fichas numeradas en una cuadrícula para combinar números iguales y alcanzar el número 2048. Los participantes aprenderán a manejar listas bidimensionales, lógica de juego y entrada de usuario.

Pasos del Ejercicio:

Paso 1: Preparación

Asegúrate de tener Python instalado en tu computadora y un entorno de desarrollo configurado.

Paso 2: Diseño del Tablero

Define una matriz bidimensional que represente el tablero del juego 2048. Cada celda puede ser un número (o cero si está vacía) que representa el valor de la ficha en esa posición.

Paso 3: Inicialización del Tablero

Inicializa el tablero con dos fichas aleatorias en posiciones aleatorias (con valores de 2 o 4). Esto establecerá las condiciones iniciales del juego.

Paso 4: Crear Funciones de Movimiento

Crea funciones para permitir que el jugador realice movimientos hacia arriba, abajo, izquierda y derecha. Estos movimientos implican deslizar las fichas en la cuadrícula y combinar números iguales.

Paso 5: Verificación de Fin de Juego

Implementa una función para verificar si el jugador ha ganado (alcanzó 2048) o ha perdido (no puede realizar movimientos válidos).

Paso 6: Visualización

Desarrolla una forma de visualizar el tablero en la consola para que el jugador pueda ver el estado actual del juego.

Paso 7: Bucle Principal

Crea un bucle principal que permita al jugador realizar movimientos hasta que gane o pierda el juego. En cada iteración del bucle, muestra el tablero y solicita la entrada del jugador.

Paso 8: Personalización y Mejoras (Opcional)

Personaliza y mejora el juego según tus preferencias. Puedes agregar características adicionales, como un sistema de puntuación, un historial de movimientos o una interfaz gráfica.

Este ejercicio te proporcionará una experiencia valiosa en el desarrollo de juegos y te ayudará a aplicar conceptos de programación en un proyecto interactivo. Además, te permitirá aprender a gestionar datos en una matriz bidimensional y a diseñar una interfaz de usuario simple para un juego. ¡Diviértete programando tu propio juego de 2048 en Python!

Solución:

Desarrollar una versión completa del juego 2048 en Python es un proyecto extenso. A continuación, te proporcionaré un ejemplo simplificado que puedes usar como punto de partida. Este ejemplo se basa en la consola y utiliza caracteres ASCII para representar el tablero y las fichas. Puedes personalizar y expandir este código según tus preferencias.

```python
import random

def iniciar_juego():
    tablero = [[0 for _ in range(4)] for _ in range(4)]
    agregar_ficha(tablero)
    agregar_ficha(tablero)
```

```python
        return tablero


def agregar_ficha(tablero):
    posibles_celdas = [(i, j) for i in range(4) for j in range(4) if
tablero[i][j] == 0]
    if posibles_celdas:
        fila, columna = random.choice(posibles_celdas)
        tablero[fila][columna] = random.choice([2, 4])


def mostrar_tablero(tablero):
    for fila in tablero:
        print(" ".join(str(numero) if numero != 0 else "." for numero in
fila))
    print()


def mover_arriba(tablero):
    for columna in range(4):
        valores_columna = [tablero[fila][columna] for fila in range(4)]
        nuevos_valores = []
        i = 0
        while i < 4:
            if valores_columna[i] == 0:
                i += 1
                continue
            j = i + 1
            while j < 4 and valores_columna[j] == 0:
                j += 1
            if j < 4 and valores_columna[i] == valores_columna[j]:
                nuevos_valores.append(valores_columna[i] * 2)
                i = j + 1
            else:
                nuevos_valores.append(valores_columna[i])
                i = j
        nuevos_valores += [0] * (4 - len(nuevos_valores))
        for fila in range(4):
            tablero[fila][columna] = nuevos_valores[fila]


def jugar_2048():
```

```python
    tablero = iniciar_juego()
    while True:
        mostrar_tablero(tablero)
        movimiento = input("Ingresa un movimiento (W - arriba, S - abajo, A -
izquierda, D - derecha): ").upper()

        if movimiento not in ["W", "S", "A", "D"]:
            print("Movimiento no válido. Usa W, S, A o D.")
            continue

        tablero_anterior = [fila[:] for fila in tablero]

        if movimiento == "W":
            mover_arriba(tablero)
        elif movimiento == "S":
            tablero = girar(tablero, 2)
            mover_arriba(tablero)
            tablero = girar(tablero, 2)
        elif movimiento == "A":
            tablero = girar(tablero, 1)
            mover_arriba(tablero)
            tablero = girar(tablero, 3)
        elif movimiento == "D":
            tablero = girar(tablero, 3)
            mover_arriba(tablero)
            tablero = girar(tablero, 1)

        if tablero != tablero_anterior:
            agregar_ficha(tablero)

        if verificar_ganador(tablero):
            mostrar_tablero(tablero)
            print("¡Has ganado!")
            break

        if verificar_perdedor(tablero):
            mostrar_tablero(tablero)
            print("¡Has perdido!")
```

```python
            break


def girar(tablero, veces):
    for _ in range(veces):
        tablero = [list(reversed(fila)) for fila in zip(*tablero)]
    return tablero


def verificar_ganador(tablero):
    for fila in tablero:
        if 2048 in fila:
            return True
    return False


def verificar_perdedor(tablero):
    for i in range(4):
        for j in range(4):
            if tablero[i][j] == 0:
                return False
            if i > 0 and tablero[i][j] == tablero[i - 1][j]:
                return False
            if i < 3 and tablero[i][j] == tablero[i + 1][j]:
                return False
            if j > 0 and tablero[i][j] == tablero[i][j - 1]:
                return False
            if j < 3 and tablero[i][j] == tablero[i][j + 1]:
                return False
    return True


if __name__ == "__main__":
    print("¡Bienvenido al juego 2048!")
    jugar_2048()
```

Este código representa una versión simplificada del juego 2048 en la consola. Los movimientos se ingresan usando las teclas W, S, A y D para arriba, abajo, izquierda y derecha, respectivamente. El juego continúa hasta que el jugador gane o pierda. Puedes personalizar y expandir este código según tus preferencias para crear una versión más completa del juego.

Juego de Cartas (Blackjack o Solitario)

Programar un juego de cartas como el blackjack o el solitario en Python es un ejercicio interesante que implica la manipulación de barajas de cartas, reglas del juego y lógica de interacción con el jugador. Aquí te presento un ejercicio para crear un juego de blackjack (21) en Python:

Título del Ejercicio: Juego de Blackjack en Python

Descripción del Ejercicio:

El objetivo de este ejercicio es desarrollar un juego de blackjack en Python. Los participantes aprenderán a crear y mezclar una baraja de cartas, implementar las reglas del juego de blackjack y permitir que el jugador interactúe con el juego.

Pasos del Ejercicio:

Paso 1: Preparación

Asegúrate de tener Python instalado en tu computadora y un entorno de desarrollo configurado.

Paso 2: Diseño del Juego

Diseña las reglas y la lógica del juego de blackjack. Decide cómo se reparten las cartas, cómo se calculan los valores de las manos y cuándo se determina el ganador.

Paso 3: Creación de la Baraja

Crea una baraja de cartas en Python utilizando listas o estructuras de datos personalizadas. La baraja debe contener cartas con palos (corazones, diamantes, picas, tréboles) y valores (1 al 10, J, Q, K).

Paso 4: Mezcla de la Baraja

Implementa una función para mezclar la baraja de cartas de forma aleatoria antes de cada partida.

Paso 5: Reparto de Cartas

Desarrolla la lógica para repartir cartas al jugador y al crupier (la casa) en cada partida.

Paso 6: Cálculo de Valores de Mano

Implementa la lógica para calcular el valor total de la mano del jugador y del crupier.

Paso 7: Decisiones del Jugador

Permite al jugador tomar decisiones, como "pedir" (tomar una carta) o "plantarse" (no tomar más cartas).

Paso 8: Lógica del Crupier

Implementa la lógica para las decisiones del crupier según las reglas del blackjack (por ejemplo, pedir cartas hasta alcanzar cierto valor).

Paso 9: Determinar el Ganador

Desarrolla la lógica para determinar quién gana la partida según las reglas del blackjack.

Paso 10: Puntuación y Retroalimentación

Muestra la puntuación del jugador y proporciona retroalimentación sobre el resultado de la partida.

Paso 11: Juego Continuo

Permite al jugador decidir si desea jugar otra mano y sigue el ciclo de juego.

Paso 12: Personalización y Mejoras (Opcional)

Personaliza y mejora el juego según tus preferencias. Puedes agregar más características, como apuestas o múltiples jugadores.

Paso 13: Prueba y Juego

Prueba el juego para asegurarte de que funcione correctamente. Luego, juega el juego tú mismo para experimentar cómo funciona y verificar que sea divertido.

Este ejercicio te brindará una experiencia valiosa en el desarrollo de juegos de cartas y te permitirá aplicar conceptos de programación en un proyecto interactivo. Además, te permitirá crear tu propio juego de blackjack en Python para que otros jugadores puedan disfrutarlo. ¡Diviértete programando tu juego de blackjack!

Solución

Aquí tienes un ejemplo de un juego simple de blackjack en Python. Ten en cuenta que este es un juego de consola básico y no incluye todas las características de un juego de blackjack completo. Puedes expandir y mejorar este código según tus necesidades y conocimientos de programación.

```python
import random
```

```python
# Función para crear una baraja de cartas
def crear_baraja():
    palos = ['Corazones', 'Diamantes', 'Picas', 'Tréboles']
    valores = ['2', '3', '4', '5', '6', '7', '8', '9', '10', 'J', 'Q', 'K', 'A']
    baraja = [{'valor': valor, 'palo': palo} for valor in valores for palo in palos]
    random.shuffle(baraja)
    return baraja

# Función para calcular el valor de una mano
def calcular_valor_mano(mano):
    valor = 0
    ases = 0
    for carta in mano:
        if carta['valor'] in ['K', 'Q', 'J']:
            valor += 10
        elif carta['valor'] == 'A':
            ases += 1
            valor += 11
        else:
            valor += int(carta['valor'])
```

```python
    while valor > 21 and ases > 0:
        valor -= 10
        ases -= 1

    return valor


# Función para mostrar una mano
def mostrar_mano(mano):
    for carta in mano:
        print(f"{carta['valor']} de {carta['palo']}")


# Función para jugar una partida de blackjack
def jugar_blackjack():
    print("¡Bienvenido al juego de Blackjack!")

    baraja = crear_baraja()
    mano_jugador = [baraja.pop(), baraja.pop()]
    mano_crupier = [baraja.pop(), baraja.pop()]

    print("\nTus cartas:")
    mostrar_mano(mano_jugador)
    print(f"Valor de tu mano: {calcular_valor_mano(mano_jugador)}")

    while calcular_valor_mano(mano_jugador) < 21:
        opcion = input("\n¿Deseas pedir una carta? (S/N): ").lower()
        if opcion == 's':
            mano_jugador.append(baraja.pop())
            print("\nTus cartas:")
            mostrar_mano(mano_jugador)
            print(f"Valor de tu mano: {calcular_valor_mano(mano_jugador)}")
        elif opcion == 'n':
            break
        else:
            print("Opción no válida. Por favor, elige 'S' o 'N'.")

    while calcular_valor_mano(mano_crupier) < 17:
        mano_crupier.append(baraja.pop())
```

```python
    print("\nCartas del crupier:")
    mostrar_mano(mano_crupier)
    print(f"Valor de la mano del crupier:
{calcular_valor_mano(mano_crupier)}")

    if calcular_valor_mano(mano_jugador) > 21:
        print("\nHas perdido. Tu valor supera 21.")
    elif calcular_valor_mano(mano_crupier) > 21:
        print("\n¡Has ganado! El crupier superó 21.")
    elif calcular_valor_mano(mano_jugador) >
calcular_valor_mano(mano_crupier):
        print("\n¡Has ganado!")
    elif calcular_valor_mano(mano_jugador) ==
calcular_valor_mano(mano_crupier):
        print("\nEs un empate.")
    else:
        print("\nHas perdido. El crupier tiene una mano mejor.")


if __name__ == "__main__":
    jugar_blackjack()
```

Juego de Sudoku Solver en Python

Programar un solucionador de Sudoku en Python es un proyecto desafiante y educativo que te permitirá trabajar con algoritmos de búsqueda y recursión. Aquí te presento un ejercicio paso a paso para crear tu propio solucionador de Sudoku en Python:

Título del Ejercicio: Solucionador de Sudoku en Python

Descripción del Ejercicio:

El objetivo de este ejercicio es desarrollar un programa en Python que pueda resolver tableros de Sudoku automáticamente. Los participantes aprenderán a implementar algoritmos de búsqueda y lógica de Sudoku.

Pasos del Ejercicio:

Paso 1: Preparación

Asegúrate de tener Python instalado en tu computadora y un entorno de desarrollo configurado.

Paso 2: Representación del Tablero

Define una estructura de datos que represente el tablero de Sudoku. Esto podría ser una matriz bidimensional o una lista de listas, donde cada celda del Sudoku contiene un número (del 1 al 9) o 0 para representar una celda vacía.

Paso 3: Creación de la Función de Validación

Implementa una función que verifique si un número es válido en una posición específica del tablero, asegurándote de que no haya duplicados en la fila, columna y subcuadrícula correspondientes.

Paso 4: Creación de la Función de Solución

Desarrolla una función de búsqueda recursiva que intente llenar las celdas vacías del tablero. Utiliza la función de validación para asegurarte de que los números sean válidos en cada paso. Si llegas a una posición donde no puedes continuar sin romper las reglas de Sudoku, retrocede y prueba con otro número en la celda anterior.

Paso 5: Entrada del Tablero

Proporciona una función o método para ingresar el tablero de Sudoku que deseas resolver. Esto puede hacerse a través de una lista en código o mediante la lectura de un archivo de texto que contenga el tablero.

Paso 6: Ejecución del Solucionador

Ejecuta el solucionador en el tablero ingresado y muestra la solución o un mensaje de que no hay solución si el Sudoku no es válido.

Paso 7: Personalización y Mejoras (Opcional)

Personaliza y mejora el programa según tus preferencias. Puedes agregar características adicionales, como la capacidad de resolver múltiples tableros o una interfaz gráfica para ingresar y ver los resultados.

Este ejercicio te brindará una experiencia valiosa en el desarrollo de algoritmos de búsqueda y te ayudará a aplicar conceptos de programación en un proyecto interesante. Además, te permitirá aprender sobre lógica de Sudoku y cómo implementarla en Python. ¡Diviértete programando tu propio solucionador de Sudoku en Python!

Solución

A continuación, te proporciono un ejemplo de un programa simple para resolver un Sudoku utilizando Python. Este programa utiliza un algoritmo de búsqueda recursiva para encontrar la solución del Sudoku.

```python
def imprimir_sudoku(sudoku):
    for i in range(9):
        for j in range(9):
            print(sudoku[i][j], end=" ")
        print()


def encontrar_espacio_vacio(sudoku):
    for fila in range(9):
        for columna in range(9):
            if sudoku[fila][columna] == 0:
                return fila, columna
    return None, None


def es_numero_valido(sudoku, fila, columna, numero):
    # Verifica si el número ya existe en la fila o columna
    for i in range(9):
        if sudoku[fila][i] == numero or sudoku[i][columna] == numero:
            return False

    # Verifica si el número ya existe en el cuadrado 3x3
    fila_inicio, columna_inicio = 3 * (fila // 3), 3 * (columna // 3)
    for i in range(fila_inicio, fila_inicio + 3):
        for j in range(columna_inicio, columna_inicio + 3):
            if sudoku[i][j] == numero:
```

```python
            return False

    return True


def resolver_sudoku(sudoku):
    fila, columna = encontrar_espacio_vacio(sudoku)

    # Si no hay espacios vacíos, el Sudoku está resuelto
    if fila is None:
        return True

    # Intentar colocar números del 1 al 9 en el espacio vacío
    for numero in range(1, 10):
        if es_numero_valido(sudoku, fila, columna, numero):
            sudoku[fila][columna] = numero

            # Llamada recursiva para continuar resolviendo
            if resolver_sudoku(sudoku):
                return True

            # Si no se encontró una solución, retroceder y probar otro número
            sudoku[fila][columna] = 0

    return False


if __name__ == "__main__":
    # Define el Sudoku a resolver (0 representa espacios vacíos)
    sudoku = [
        [5, 3, 0, 0, 7, 0, 0, 0, 0],
        [6, 0, 0, 1, 9, 5, 0, 0, 0],
        [0, 9, 8, 0, 0, 0, 0, 6, 0],
        [8, 0, 0, 0, 6, 0, 0, 0, 3],
        [4, 0, 0, 8, 0, 3, 0, 0, 1],
        [7, 0, 0, 0, 2, 0, 0, 0, 6],
        [0, 6, 0, 0, 0, 0, 2, 8, 0],
        [0, 0, 0, 4, 1, 9, 0, 0, 5],
        [0, 0, 0, 0, 8, 0, 0, 7, 9]
    ]
```

```
if resolver_sudoku(sudoku):
    print("Sudoku resuelto:")
    imprimir_sudoku(sudoku)
else:
    print("No se pudo resolver el Sudoku. Verifica la entrada.")
```

Este programa define un Sudoku como una matriz y utiliza una función recursiva resolver_sudoku para encontrar la solución. Puedes personalizar el Sudoku inicial modificando la matriz sudoku. El programa imprimirá la solución si se encuentra una, o mostrará un mensaje si no es posible resolverlo.

Resolución de Laberinto en Python con DFS

Programar un algoritmo para resolver un laberinto en Python es un ejercicio interesante que combina conceptos de programación, algoritmos de búsqueda y estructuras de datos. A continuación, te presento un ejercicio para crear un programa que resuelva laberintos utilizando el algoritmo de búsqueda en profundidad (DFS, por sus siglas en inglés):

Título del Ejercicio: Resolución de Laberinto en Python con DFS

Descripción del Ejercicio:

El objetivo de este ejercicio es desarrollar un programa en Python que resuelva un laberinto utilizando el algoritmo de búsqueda en profundidad (DFS). Los participantes aprenderán a implementar un algoritmo de búsqueda y aplicarlo a un problema práctico.

Pasos del Ejercicio:

Paso 1: Preparación

Asegúrate de tener Python instalado en tu computadora y un entorno de desarrollo configurado.

Paso 2: Diseño del Laberinto

Define una estructura de datos que represente el laberinto. Puedes usar una matriz bidimensional donde cada celda represente una posición en el laberinto. Las paredes pueden estar representadas por obstáculos (por ejemplo, 0) y los caminos por espacios libres (por ejemplo, 1).

Paso 3: Implementación de DFS

Crea una función que implemente el algoritmo de búsqueda en profundidad (DFS) para encontrar un camino desde la entrada hasta la salida del laberinto. El DFS utiliza una pila para realizar un seguimiento de las posiciones y explorar de manera recursiva todas las posibles rutas.

Paso 4: Marcar el Camino

A medida que el algoritmo DFS avanza, marca las celdas que forman parte del camino solucionado. Esto te permitirá visualizar la solución una vez que el algoritmo haya terminado.

Paso 5: Visualización del Laberinto y la Solución

Desarrolla una forma de visualizar el laberinto y la solución encontrada. Puedes usar caracteres ASCII para representar el laberinto y resaltar el camino encontrado.

Paso 6: Personalización y Mejoras (Opcional)

Personaliza y mejora el programa según tus preferencias. Puedes agregar características adicionales, como la posibilidad de cargar laberintos desde archivos o implementar otros algoritmos de búsqueda, como el algoritmo de búsqueda en anchura (BFS).

Paso 7: Prueba y Experimentación

Prueba el programa con diferentes laberintos y verifica si resuelve correctamente laberintos más complejos.

Este ejercicio te proporcionará una experiencia valiosa en la implementación de algoritmos de búsqueda y te ayudará a aplicar conceptos de programación en un contexto de resolución de problemas. Además, te permitirá comprender cómo se pueden utilizar algoritmos para encontrar soluciones en laberintos y otros escenarios similares. ¡Diviértete programando tu propio solucionador de laberintos en Python!

Solución

Desarrollar un programa completo de resolución de laberintos en Python es un proyecto más extenso y complejo. A continuación, te proporciono un ejemplo simplificado de un programa de resolución de laberintos utilizando el algoritmo de búsqueda en profundidad (DFS) en Python. En este ejemplo, utilizamos una matriz bidimensional para representar el laberinto y encontrar un camino desde el punto de inicio hasta el punto de destino.

```python
def imprimir_laberinto(laberinto):
    for fila in laberinto:
        print("".join(fila))

def resolver_laberinto(laberinto, fila, columna, objetivo):
```

```python
    if fila < 0 or fila >= len(laberinto) or columna < 0 or columna >=
len(laberinto[0]) or laberinto[fila][columna] == "#" or
laberinto[fila][columna] == "X":
        return False

    laberinto[fila][columna] = "X"  # Marcar la casilla actual como visitada

    if (fila, columna) == objetivo:
        return True

    # Intentar moverse hacia arriba, abajo, izquierda y derecha
    if (resolver_laberinto(laberinto, fila - 1, columna, objetivo) or
        resolver_laberinto(laberinto, fila + 1, columna, objetivo) or
        resolver_laberinto(laberinto, fila, columna - 1, objetivo) or
        resolver_laberinto(laberinto, fila, columna + 1, objetivo)):
        return True

    laberinto[fila][columna] = "."  # Desmarcar la casilla si no lleva al
objetivo
    return False


if __name__ == "__main__":
    laberinto = [
        ["#", "#", "#", "#", "#", "#", "#", "#", "#", "#"],
        ["#", ".", ".", ".", "#", ".", ".", ".", ".", "#"],
        ["#", ".", "#", ".", "#", ".", "#", "#", "#", "#"],
        ["#", ".", "#", ".", ".", ".", ".", ".", ".", "#"],
        ["#", "#", "#", "#", "#", "#", "#", "#", ".", "#"],
        ["#", ".", ".", ".", ".", ".", ".", ".", ".", "#"],
        ["#", "#", "#", "#", "#", "#", "#", "#", "#", "#"]
    ]

    inicio = (1, 1)
    objetivo = (4, 8)

    print("Laberinto original:")
    imprimir_laberinto(laberinto)
```

```
if resolver_laberinto(laberinto, inicio[0], inicio[1], objetivo):
    print("\nLaberinto resuelto:")
    imprimir_laberinto(laberinto)
else:
    print("\nNo se encontró un camino hacia el objetivo.")
```

Juego de Aventuras de Texto

Programar una aventura de texto en Python es un ejercicio creativo y educativo que te permite desarrollar una narrativa interactiva en la que los jugadores toman decisiones que afectan el curso de la historia. A continuación, te presento un ejercicio para crear tu propia aventura de texto en Python:

Título del Ejercicio: Aventura de Texto en Python

Descripción del Ejercicio:

El objetivo de este ejercicio es crear una aventura de texto en Python en la que los jugadores toman decisiones para avanzar en la historia. Los participantes aprenderán a usar estructuras de control, entrada de usuario y manipulación de texto en Python.

Pasos del Ejercicio:

Paso 1: Preparación

Asegúrate de tener Python instalado en tu computadora y un entorno de desarrollo configurado.

Paso 2: Diseño de la Historia

Diseña una historia o escenario para tu aventura de texto. Decide el contexto, la trama, los personajes y las decisiones que los jugadores pueden tomar.

Paso 3: Implementación de la Historia

Escribe el código de Python para representar la historia y las opciones que los jugadores pueden elegir. Puedes usar estructuras de control como if, elif y else para gestionar las diferentes ramas de la historia.

Paso 4: Interacción con el Jugador

Utiliza la función input() para permitir que el jugador tome decisiones escribiendo texto en la consola. Lee la entrada del jugador y utiliza condiciones para determinar cómo avanza la historia en función de sus elecciones.

Paso 5: Visualización de la Historia

Muestra la narrativa y las opciones disponibles al jugador en la consola. Puedes utilizar cadenas de texto para dar formato y describir la situación actual.

Paso 6: Finalización de la Aventura

Decide las condiciones de finalización de la aventura. Puede ser un final feliz, un final triste o varios finales diferentes según las decisiones del jugador.

Paso 7: Personalización y Mejoras (Opcional)

Personaliza y mejora la aventura según tus preferencias. Puedes agregar más opciones, cambiar la narrativa o incluso agregar elementos gráficos si lo deseas.

Paso 8: Prueba y Juego

Prueba la aventura de texto para asegurarte de que funcione correctamente. Luego, juega la aventura tú mismo para experimentarla desde la perspectiva del jugador.

Este ejercicio te brindará una experiencia valiosa en el desarrollo de historias interactivas y te ayudará a aplicar conceptos de programación en un contexto de narrativa. Además, te permitirá crear tu propia aventura de texto personalizada en Python para que otros jugadores puedan disfrutarla. ¡Diviértete programando tu aventura de texto en Python!

Solución

Crear un programa completo de aventura de texto en Python puede ser un proyecto más extenso y depende en gran medida de la historia y las decisiones que quieras incluir. A continuación, te proporcionaré un ejemplo simplificado de una aventura de texto en Python para que puedas usarlo como punto de partida. En este ejemplo, se crea una historia muy básica en la que el jugador toma decisiones simples.

```python
import time

def historia_inicio():
    print("Bienvenido a la Aventura de Texto.")
    time.sleep(2)
    print("Estás en un bosque misterioso. De repente, te encuentras con dos
caminos.")
    time.sleep(2)
    print("¿Qué camino eliges?")
    print("1. Camino de la izquierda")
    print("2. Camino de la derecha")
    eleccion = input("Ingresa el número de tu elección: ")

    if eleccion == "1":
        historia_camino_izquierda()
    elif eleccion == "2":
        historia_camino_derecha()
    else:
        print("Elección no válida. Por favor, ingresa 1 o 2.")
        historia_inicio()
```

```python
def historia_camino_izquierda():
    print("Decidiste tomar el camino de la izquierda.")
    time.sleep(2)
    print("Encuentras un río. ¿Qué quieres hacer?")
    print("1. Cruzar el río nadando")
    print("2. Buscar un puente")
    eleccion = input("Ingresa el número de tu elección: ")

    if eleccion == "1":
        print("Intentas cruzar el río nadando, pero las corrientes son
fuertes y no puedes. Fin de la aventura.")
    elif eleccion == "2":
        print("Buscas un puente y lo encuentras. Cruzas el río de manera
segura y continúas tu camino.")
        time.sleep(2)
        print("Llegas a una casa abandonada en el bosque. ¿Deseas entrar?")
        print("1. Entrar en la casa")
        print("2. Seguir adelante")
        eleccion = input("Ingresa el número de tu elección: ")
        if eleccion == "1":
            print("Dentro de la casa, encuentras un tesoro. ¡Has tenido una
gran aventura!")
        elif eleccion == "2":
            print("Decides no entrar en la casa y continuar explorando el
bosque. Fin de la aventura.")
        else:
            print("Elección no válida. Por favor, ingresa 1 o 2.")
    else:
        print("Elección no válida. Por favor, ingresa 1 o 2.")
        historia_camino_izquierda()

def historia_camino_derecha():
    print("Decidiste tomar el camino de la derecha.")
    time.sleep(2)
    print("Te encuentras con una cueva oscura. ¿Quieres entrar?")
    print("1. Entrar en la cueva")
    print("2. Continuar por el camino")
    eleccion = input("Ingresa el número de tu elección: ")
```

```python
    if eleccion == "1":
        print("Entras en la cueva y encuentras un dragón. Fin de la
aventura.")
    elif eleccion == "2":
        print("Decides no entrar en la cueva y sigues por el camino. Fin de
la aventura.")
    else:
        print("Elección no válida. Por favor, ingresa 1 o 2.")
        historia_camino_derecha()


if __name__ == "__main__":
    historia_inicio()
```

Este código representa una aventura de texto muy básica en Python. Los jugadores toman decisiones al elegir entre las opciones presentadas. Puedes expandir y personalizar esta aventura agregando más historias, opciones y efectos de sonido o mejorando la interfaz. La aventura se inicia llamando a la función historia_inicio().

Juego de Preguntas y Respuestas (Trivia)

Crear un juego de preguntas y respuestas en Python es un proyecto educativo que te permite practicar el manejo de estructuras de datos, lógica de programación y entrada/salida de datos. A continuación, te presento un ejercicio para programar un juego de preguntas y respuestas en Python:

Título del Ejercicio: Juego de Preguntas y Respuestas en Python

Descripción del Ejercicio:

El objetivo de este ejercicio es desarrollar un juego de preguntas y respuestas en Python. Los participantes aprenderán a utilizar diccionarios para almacenar las preguntas y respuestas, manejar la lógica del juego y proporcionar retroalimentación al jugador.

Pasos del Ejercicio:

Paso 1: Preparación

Asegúrate de tener Python instalado en tu computadora y un entorno de desarrollo configurado.

Paso 2: Diseño de las Preguntas y Respuestas

Diseña una serie de preguntas y respuestas para tu juego. Cada pregunta debe tener una respuesta correcta y posiblemente opciones de respuesta incorrecta.

Paso 3: Creación del Diccionario de Preguntas

Crea un diccionario en Python para almacenar las preguntas y respuestas. Utiliza las preguntas como claves y las respuestas como valores. Puedes representar las opciones incorrectas como elementos en una lista.

Paso 4: Implementación del Juego

- Desarrolla la lógica del juego en Python. El juego debe hacer lo siguiente:
- Presentar una pregunta al jugador.
- Mostrar las opciones de respuesta si es necesario.
- Recoger la respuesta del jugador.
- Verificar si la respuesta del jugador es correcta.
- Proporcionar retroalimentación al jugador según su respuesta.
- Llevar un registro de la puntuación del jugador.
- Continuar haciendo preguntas hasta que el jugador decida salir del juego.

Paso 5: Interacción con el Jugador

Utiliza la función input() para permitir que el jugador ingrese sus respuestas. Lee la entrada del jugador y compárala con la respuesta correcta.

Paso 6: Visualización de la Puntuación

Muestra la puntuación del jugador después de cada pregunta o al final del juego.

Paso 7: Personalización y Mejoras (Opcional)

Personaliza y mejora el juego según tus preferencias. Puedes agregar más preguntas, cambiar la interfaz de usuario o agregar temporizadores para hacerlo más desafiante.

Paso 8: Prueba y Juego

Prueba el juego para asegurarte de que funcione correctamente. Luego, juega el juego tú mismo para experimentar cómo funciona y verificar que las preguntas y respuestas sean adecuadas.

Este ejercicio te brindará una experiencia valiosa en el desarrollo de juegos simples y te permitirá aplicar conceptos de programación en un proyecto interactivo. Además, podrás crear un juego de preguntas y respuestas personalizado en Python para que otros jugadores puedan disfrutarlo. ¡Diviértete programando tu propio juego de preguntas y respuestas en Python!

Solución

A continuación, te proporcionaré un ejemplo simple de un juego de preguntas y respuestas en Python. Este código representa una versión básica en la que el jugador responde preguntas y recibe retroalimentación sobre sus respuestas.

```python
# Diccionario de preguntas y respuestas
preguntas = {
    "¿Cuál es la capital de Francia?": "París",
    "¿Cuál es el río más largo del mundo?": "Amazonas",
    "¿Cuántas patas tiene una araña?": "8",
    "¿Quién escribió 'Romeo y Julieta'?": "William Shakespeare",
    "¿Cuál es el planeta más grande del sistema solar?": "Júpiter"
}

def jugar_juego(preguntas):
    puntuacion = 0
    for pregunta, respuesta_correcta in preguntas.items():
        print(pregunta)
        respuesta = input("Tu respuesta: ").strip()
```

```python
        if respuesta.lower() == respuesta_correcta.lower():
            print("¡Respuesta correcta!\n")
            puntuacion += 1
        else:
            print(f"Respuesta incorrecta. La respuesta correcta es:
{respuesta_correcta}\n")

    print(f"Tu puntuación final es: {puntuacion}/{len(preguntas)}")


if __name__ == "__main__":
    print("¡Bienvenido al juego de preguntas y respuestas!")
    jugar_juego(preguntas)
```

Juego de Plataformas (simple)

Programar un juego de plataforma en Python es un proyecto emocionante que involucra la creación de gráficos, físicas y lógica de juego. Aquí tienes un ejercicio para crear un juego de plataforma básico en Python utilizando la biblioteca Pygame:

Título del Ejercicio: Juego de Plataforma en Python con Pygame

Descripción del Ejercicio:

El objetivo de este ejercicio es desarrollar un juego de plataforma en Python utilizando la biblioteca Pygame. Los participantes aprenderán a manejar gráficos, detección de colisiones, entrada de usuario y física de juego en Python.

Pasos del Ejercicio:

Paso 1: Preparación

Asegúrate de tener Python instalado en tu computadora y luego instala la biblioteca Pygame utilizando pip install pygame.

Paso 2: Diseño del Juego

Diseña el concepto de tu juego de plataforma, incluyendo el diseño de los personajes, plataformas y obstáculos.

Paso 3: Creación de Gráficos

Dibuja los sprites (imágenes) para tus personajes y el fondo del juego utilizando software de diseño gráfico o herramientas en línea.

Paso 4: Configuración de Pygame

Configura una ventana de juego utilizando Pygame y carga los sprites en el juego.

Paso 5: Creación del Personaje Jugador

Crea una clase para el personaje jugador que incluya funciones para el movimiento y la detección de colisiones.

Paso 6: Creación de Plataformas y Obstáculos

Crea clases para las plataformas y obstáculos en el juego, y define sus propiedades y posiciones.

Paso 7: Lógica de Movimiento

Implementa la lógica de movimiento del jugador y las interacciones con las plataformas y obstáculos.

Paso 8: Control de Usuario

Permite al jugador controlar el personaje usando las teclas del teclado (por ejemplo, izquierda, derecha y salto).

Paso 9: Física de Juego

Agrega la física del juego, como la gravedad y la detección de colisiones, para garantizar un comportamiento realista.

Paso 10: Puntuación y Objetivos (Opcional)

Añade elementos de juego, como recolección de objetos o un contador de puntuación, para aumentar la diversión y el desafío.

Paso 11: Personalización y Mejoras (Opcional)

Personaliza y mejora el juego según tus preferencias. Puedes agregar más niveles, enemigos o efectos especiales.

Paso 12: Prueba y Juego

Prueba el juego para asegurarte de que funcione correctamente. Luego, juega el juego tú mismo para experimentar cómo funciona y verificar que sea divertido.

Este ejercicio te proporcionará una experiencia valiosa en el desarrollo de juegos y te ayudará a aplicar conceptos de programación en un proyecto interactivo. Además, te permitirá crear tu propio juego de plataforma en Python utilizando la biblioteca Pygame. ¡Diviértete programando tu juego de plataforma!

Solución

Crear un juego de plataforma completo en Python utilizando la biblioteca Pygame es un proyecto extenso y complejo. Sin embargo, aquí te proporcionaré un ejemplo básico para que puedas comenzar. Este ejemplo mostrará cómo configurar la ventana del juego, controlar al personaje y crear plataformas simples.

Para ejecutar este código, asegúrate de tener Pygame instalado en tu entorno de desarrollo.

```
import pygame
import sys

# Inicialización de Pygame
pygame.init()
```

```python
# Configuración de la pantalla
WIDTH, HEIGHT = 800, 600
screen = pygame.display.set_mode((WIDTH, HEIGHT))
pygame.display.set_caption("Juego de Plataforma")

# Colores
WHITE = (255, 255, 255)

# Personaje
player_width = 50
player_height = 50
player_x = WIDTH // 2 - player_width // 2
player_y = HEIGHT - player_height
player_velocity = 5

# Plataformas
platform_width = 100
platform_height = 20
platform_x = WIDTH // 2 - platform_width // 2
platform_y = HEIGHT - 100

# Bucle principal
running = True
while running:
    for event in pygame.event.get():
        if event.type == pygame.QUIT:
            running = False

    keys = pygame.key.get_pressed()

    # Movimiento del jugador
    if keys[pygame.K_LEFT] and player_x > 0:
        player_x -= player_velocity
    if keys[pygame.K_RIGHT] and player_x < WIDTH - player_width:
        player_x += player_velocity

    # Dibujo de la pantalla
    screen.fill(WHITE)
```

```python
    pygame.draw.rect(screen, (0, 0, 255), (player_x, player_y, player_width,
player_height))
    pygame.draw.rect(screen, (0, 255, 0), (platform_x, platform_y,
platform_width, platform_height))

    # Colisión con la plataforma
    if player_y + player_height >= platform_y and player_x + player_width >=
platform_x and player_x <= platform_x + platform_width:
        player_y = platform_y - player_height

    pygame.display.update()

# Salir del juego
pygame.quit()
sys.exit()
```

Este código establece una ventana de juego básica con un personaje que puede
moverse horizontalmente y una plataforma en la parte inferior. El personaje
puede saltar sobre la plataforma cuando colisiona con ella. Este es un punto de
partida simple para un juego de plataforma en Pygame, y puedes expandirlo
agregando más características y niveles.